BEI GRIN MACHT SICH IHR WISSEN BEZAHLT

- Wir veröffentlichen Ihre Hausarbeit, Bachelor- und Masterarbeit

- Ihr eigenes eBook und Buch - weltweit in allen wichtigen Shops

- Verdienen Sie an jedem Verkauf

Jetzt bei www.GRIN.com hochladen und kostenlos publizieren

Anonym

Die Auswirkungen der Globalisierung am Beispiel der KMU der Automobilindustrie

GRIN Verlag

Bibliografische Information der Deutschen Nationalbibliothek:

Die Deutsche Bibliothek verzeichnet diese Publikation in der Deutschen National-
bibliografie; detaillierte bibliografische Daten sind im Internet über http://dnb.d-
nb.de/ abrufbar.

Dieses Werk sowie alle darin enthaltenen einzelnen Beiträge und Abbildungen
sind urheberrechtlich geschützt. Jede Verwertung, die nicht ausdrücklich vom
Urheberrechtsschutz zugelassen ist, bedarf der vorherigen Zustimmung des Verla-
ges. Das gilt insbesondere für Vervielfältigungen, Bearbeitungen, Übersetzungen,
Mikroverfilmungen, Auswertungen durch Datenbanken und für die Einspeicherung
und Verarbeitung in elektronische Systeme. Alle Rechte, auch die des auszugsweisen
Nachdrucks, der fotomechanischen Wiedergabe (einschließlich Mikrokopie) sowie
der Auswertung durch Datenbanken oder ähnliche Einrichtungen, vorbehalten.

Impressum:

Copyright © 2011 GRIN Verlag GmbH
Druck und Bindung: Books on Demand GmbH, Norderstedt Germany
ISBN: 978-3-656-84309-2

Dieses Buch bei GRIN:

http://www.grin.com/de/e-book/284320/die-auswirkungen-der-globalisierung-am-
beispiel-der-kmu-der-automobilindustrie

GRIN - Your knowledge has value

Der GRIN Verlag publiziert seit 1998 wissenschaftliche Arbeiten von Studenten, Hochschullehrern und anderen Akademikern als eBook und gedrucktes Buch. Die Verlagswebsite www.grin.com ist die ideale Plattform zur Veröffentlichung von Hausarbeiten, Abschlussarbeiten, wissenschaftlichen Aufsätzen, Dissertationen und Fachbüchern.

Besuchen Sie uns im Internet:

http://www.grin.com/

http://www.facebook.com/grincom

http://www.twitter.com/grin_com

Hausarbeit

Fachgebiet Marketing: Business-to-Business-Marketing

Die Auswirkungen der Globalisierung am Beispiel der KMU der Automobilindustrie

Inhaltsverzeichnis

Abkürzungsverzeichnis

KMU   –   Kleine und mittlere Unternehmen

OEM   –   Original Equipment Manufacturer

F&E   –   Forschung und Entwicklung

Abbildungsverzeichnis

1 Einleitung

Das Zusammenwachsen unserer Welt durch die Globalisierung gewinnt immer mehr an Bedeutung, sodass diese globale Entwicklung verschiedene Bereiche umfasst und sich nicht nur auf der Ebene von Einzelnen, sondern gerade auch auf der Ebene von Staaten, Institutionen und vor allem Unternehmen auswirkt.[1]

Die Erschließung neuer Absatzmärkte ermöglicht vielen Unternehmen nicht nur die hergestellten Güter und Dienstleistungen weltweit zu vertreiben, sondern auch die Kosten zu senken. Betrachtet man auch die negativen Effekte, so stellt man fest, dass sich mögliche Wettbewerbsvorsprünge der kleinen und mittleren Unternehmen (KMU) verkürzt haben. Durch den internationalen Handel nimmt die Anzahl der neuen Anbieter enorm zu, sodass sich der Wettbewerb immer mehr intensiviert. Dieses führt zur Warenüberflutung auf dem Markt und damit zu einem ständigen Preiskampf zwischen den Unternehmen. Die Unternehmen sind gezwungen neue Angebote zu unterbreiten, um neue Kunden anzulocken und bestehende beizubehalten.[2]

Da die Automobilindustrie als einer der wichtigsten Wirtschaftsträger weltweit anzusehen ist, stellt die zunehmende Globalisierung insbesondere die Automobilzulieferer stets vor neuen Herausforderungen.[3] Diese beziehen sich auf die immer kürzer werdende Produktlebenszyklen, die globale Produktion und den Preiswettbewerb. Dennoch eröffnet die Globalisierung den Automobilzulieferern neue Chancen auf dem internationalen Markt. Durch die Kooperation der Zulieferer und einer intensiven Partnerschaft mit den Automobilherstellern, könnten die Automobilzulieferer ihren internationalen Marktanteil erweitern und neue Kunden gewinnen.

Um langfristig überlebensfähig zu sein, müssen sich die KMU den veränderten Bedingungen und der damit verbundenen Konkurrenzsituation stellen. Dabei sollten sie ihre Geschäftsstrategien möglichst auf den globalen Wettbewerb ausrichten, um die genannten Chancen wahrnehmen zu können.[4] Im Vordergrund stehen dabei die betrieblichen Anpassungsprozesse, die sich aus den

---

[1] vgl. Globalisierung Fakten 2014
[2] vgl. Industrieanzeiger 2012
[3] vgl. Oliver Wyman Managementberatung 2008, S. 1
[4] vgl. Beschaffung aktuell 2014

veränderten Wettbewerbsbedingungen für die Zulieferer in allen Unternehmensbereichen ergeben.

1.1   Problemstellung

Infolgedessen stellt sich die Frage inwiefern eine Anpassung in den Bereichen Produktgestaltung und Vertrieb der KMU an die globale Wandlung erforderlich ist, um möglichst daraus neue Chancen für den internationalen Wettbewerb zu ziehen und mögliche Risiken zu vermeiden.

1.2   Zielsetzung und Vorgehensweise

Zur Meisterung dieser Herausforderung sind strategische Entscheidungen in den oben genannten Bereichen notwendig. Ziel dieser Arbeit ist es, ein strategisches Konzept unter Berücksichtigung eigener Stärken und Schwächen und daraus resultierenden Chancen und Risiken zu erstellen.

Aus diesem Grund werden folgende Punkte zum Gegenstand dieser Arbeit gemacht:

Im ersten Kapitel wurde bereits die Problemstellung, die Ziele und die Struktur dieser Hausarbeit erläutert, um auf diese Weise als Orientierungshilfe zu dienen.

Im zweiten Kapitel wird auf die Globalisierung und deren Folgen für KMU der Zulieferindustrie eingegangen. Anschließend werden die internen Stärken und Schwächen der KMU in den Bereichen Produktgestaltung und Vertrieb analysiert. Daraufhin folgt eine externe Analyse der Chancen und Risiken.

Durch die Zusammenführung der internen und externen Analysen wird im dritten Kapitel das geeignete Konzept mit Hilfe der SWOT-Analyse erstellt und daraus ein strategisches Konzept abgeleitet. Dieser soll dazu dienen, die eigenen Stärken und Schwächen zu ermitteln und sich daraus ergebenen Chancen zu nutzen und Risiken zu reduzieren.

Im vierten und letzten Kapitel werden die gesamten Ergebnisse aus den vorherigen Kapiteln kurz zusammengetragen und abschließend ein Fazit mit einem Ausblick auf die Problemstellung gezogen.

2 Herausforderungen für KMU der Zulieferindustrie durch die Globalisierung

2.1 Globalisierung und Folgen für KMU der Zulieferindustrie

Globalisierung ist weder messbar noch klar definiert, in der meisten Literatur jedoch wird von der weltweiten Verflechtung in den Bereichen Wirtschaft, Politik, Kultur und Umwelt gesprochen.[5]

Durch die Globalisierung entsteht für viele Unternehmen ein hoher Wettbewerbsdruck, da die Abnehmer sich ihre Ware aus aller Welt beschaffen können. Dabei fällt die Entscheidung meistens auf die preisgünstigeren Produkte. Besonders für die KMU ist es nicht einfach mit den Preisen der Niedriglohnländer mitzuhalten. In diesen Ländern kann aufgrund der niedrigeren Personalkosten, wegen z.B. mangelnder Arbeitsplatzsicherheit und milderen Richtlinien in den Produktionsstätten im Vergleich zu Deutschland günstiger produziert werden. Durch diesen Kostenvorteil ist es möglich Produkte zu niedrigeren Verkaufspreisen zu vertreiben. Die großen Zulieferer der Automobilindustrie nutzen diese Kostenvorteile und verlagern ihre Produktionsstätten in die Niedriglohnländer. Für die KMU ist dieser Weg meistens schwieriger, da sie die Kosten für die Produktionsverlagerung nicht tragen können.

Zudem kommt die rasante Entwicklung der Automobilbranche in den Schwellenländern wie China und Indien, da sie ihre eigenen Fahrzeuge produzieren und neue technologische Entwicklungen auf den Markt bringen. Die Absatzzahlen in Europa dagegen gehen immer weiter zurück, was für die Zulieferindustrie weniger Aufträge bedeutet.[6]

Außerdem bevorzugen viele Abnehmer nachhaltige und umweltschonende Produkte. Die Automobilindustrie produziert fast ausnahmslos nur Fahrzeuge mit Kraftstoffantrieb und steht vor der größten Herausforderung in Bezug auf die Entwicklung der neuen Umwelttechnologien. Der Wandel vom herkömmlichen Auto zum Elektromobil hat mitwirkende Auswirkungen auch auf die Automobilzulieferer. Die Produkte der Zulieferer müssen den Marktveränderungen angepasst werden, damit diese Produkte den Kundenwünschen gerecht werden.[7]

---

[5] vgl. Globalisierung Fakten 2014
[6] vgl. WISO Diskus 2010
[7] vgl. Wirtschafts Woche 2010

2.2 Interne Analyse der Stärken und Schwächen von KMU der Zulieferindustrie - Unternehmensanalyse

Eine interne Unternehmensanalyse gehört zu den Instrumenten des strategischen Controllings, die wettbewerbsrelevante Informationen des eigenen Unternehmens ermitteln und auswerten.[8] Diese aufbereiteten Informationen geben Aufschlüsse über die Stärken und Schwächen des Unternehmens und werden in einer Matrix zusammengefasst.[9] Daraufhin kann mit Hilfe der Stärken-Schwächen-Analyse festgestellt werden, in welchem Rahmen sich das Unternehmen im Bezug zu einem Produkt oder eines Geschäftsfeldes strategisch einordnen lässt.[10]

In Hinsicht auf die Stärken und Schwächen beschränkt sich die Hausarbeit auf die internen Bereiche der Produktgestaltung und des Vertriebes.

In Anlehnung an die interne Analyse zählt zu den Stärken der KMU eine langanhaltende gute Produktqualität, da die KMU nur eine kleine Produktvielfalt haben und somit sich auf die Herstellung der Produkte intensiver konzentrieren können als bei einer breiteren Produktpalette. Außerdem kann sich die Qualität auch in den Preisen widerspiegeln, weil der Ansatz die Preise zu drücken mittel- oder langfristig negative Auswirkungen auf die Qualität der Produkte haben kann. Die KMU haben meistens höhere Preise als die großen internationalen Automobilzulieferer und somit besteht das Anzeichen einer guten Qualität.

Betrachtet man die Stärken im Bereich Vertrieb, haben die KMU gegenüber den großen Zulieferern den Vorteil, dass sie eine persönliche und vertrauensvolle Geschäftsbeziehung zu den Original Equipment Manufacturer (OEM) pflegen. Dieses ermöglicht den KMU die Prozesse der OEM besser zu verstehen und eine optimale Lösung an den Schnittstellen zu entwickeln. Die enge Zusammenarbeit stellt eine feste Kundenbindung und möglicherweise auch langjährige Aufträge sicher.

Eine weitere hervorzuhebende Stärke der KMU liegt im Vertrieb in den kurzen Vertriebswegen. Im Vergleich zu den international agierenden Zulieferern liegen die Vertriebsstandorte der KMU in der Nähe der Produktionsstätte der Automobilhersteller. Somit verschaffen sie sich den Vorteil zum einen die Ver-

---

[8] vgl. Werner Management Consultancy 2014
[9] vgl. Navrade, F. 2008, S. 68 f.
[10] vgl. Lombriser, R./ Abplanalp, P. A. 1998, S. 135 f.

triebskosten zu senken und zum anderen Lieferzeiten zu verkürzen. Infolgedessen agieren die KMU durch den verringerten Schadstoffausstoß von CO_2, umweltbewusster als die internationaltätigen Wettbewerber.[11]

Durch den ständig wachsenden technologischen Fortschritt und den damit immer kürzer werdenden Produktlebenszyklen, stehen die Automobilhersteller vor einem steigenden Innovationsdruck. Wovon auch ihre Zulieferer betroffen sind.[12] Diese müssen in kurzen Abständen innovative Produkte auf den Markt bringen, um weiterhin von den Automobilherstellern Aufträge zu erhalten.[13] Um dieses wiederum zu erreichen, müssen die Zulieferer in ihre Forschung und Entwicklung (F&E) investieren, was auch den Automobilherstellern zugutekäme.

Im Vergleich zu den großen Automobilzulieferern fehlen den KMU die finanziellen Möglichkeiten, da sie verhältnismäßig eine eher kleinere finanzielle Unternehmensgröße haben und somit deutlich geringere Gewinnmargen erzielen. Außerdem kann das Problem auch durch das Unternehmen selbst verursacht werden, weil viele Zulieferer ganz nach der Tradition anstatt nach der Effizienz produzieren. Einige KMU passen ihre Produktionsverfahren nicht an die neuen Marktgegebenheiten an und werden den Anforderungen in Bezug auf das Produktdesign und den technischen Produkteigenschaften nicht gerecht. Bezüglich der unzureichenden Marktanpassungen, der finanziellen knappen Ressourcen und der geringen Kapazitätsauslastungen, verfügen die KMU nur über eine geringere Produkttiefe und -breite.

Darüber hinaus bestehen weitere Schwächen im Bereich Vertrieb, in Bezug auf eine geringere Diversifikation des Kundenbestandes und der Ausweitung der Regionen. Aufgrund dessen können die KMU nur geringe Umsätze generieren und sind darauf angewiesen höhere Verkaufspreise im Vergleich zu den Wettbewerbern zu setzen. Der Nachteil hierfür ist, dass sie durch die preisgünstigeren Produkte der ausländischen Anbieter dem Preis- und Wettbewerbsdruck bzw. dem Konkurrenzdruck nicht mehr standhalten können.[14]

---

[11] vgl. Deutsche Wirtschafts Nachrichten 2014
[12] vgl. Presseportal 2009
[13] vgl. Gründer Szene 2010
[14] vgl. Deutsche Wirtschafts Nachrichten 2014

Mit der folgenden Stärken-Schwächen-Analyse werden die Stärken und Schwächen in Bezug auf die internen Bereiche Produkt/Produktion und Vertrieb der KMU und der großen internationalen Zulieferern grafisch zusammengetragen.

Beurteilungskriterien	Stärken-Schwächen-Profil		
	schwach	neutral	stark
Produkt/ Produktion			
Produktqualität		●	●
Produktpalette	●		●
Produktmarken		●	●
Fertigungstechnische Ausstattung	●		●
Elastizität der Produktionsanlagen		●	
Verfügung des Know-Hows	●		●
Umweltbewusste Produktion		●	●
Umgang mit Trends		●	●
Herstellkosten	●	●	
Vertrieb			
Preisflexibilität		●	●
Vertriebswege		●	●
Standorte	●	●	
Umweltbewusster Vertrieb	●		●
Auftragslage	●		●
Kundenbindung		● ●	
Kundenabhängigkeit	●		●
Vertriebskosten		● ●	

Legende	
●	KMU
●	Große internationale Zulieferer

Abbildung 1: Stärken-Schwächen-Analyse[15]

Links in der Tabelle sind die erarbeiteten Beurteilungskriterien aufgestellt, diese werden in die Bereiche Produkt/Produktion und Vertrieb aufgegliedert. Auf der rechten Seite der Tabelle befindet sich das Stärken-Schwächen-Profil der KMU und der großen Zulieferer mit den drei Hauptvergleichsmöglichkeiten schwach, neutral und stark.

Die Kategorien schwach bzw. stark beschreiben die Schwäche bzw. Stärke in den jeweiligen Bereichen der KMU oder den großen Zulieferern.

---

[15] Eigene Darstellung i.A.a. Hörschgen, H. et al. 1993, S. 43

Nach dem Zusammentragen der Stärken und Schwächen der beiden Seiten, wird folgende Erkenntnis gewonnen. Im Allgemein kann man sagen, dass die Stärken und Schwächen der KMU und der großen Zulieferer deutlich auseinander fallen.

Besonders im Bereich Produkt/Produktion sind die KMU eher schlechter gestellt als die großen Zulieferer. Im Bereich Vertrieb gibt es allerdings so manche Überschneidungen. In dem Zweig Kundenbindung können die KMU durch die vertraute, persönliche und zum Teil langjährige Kundenbeziehung stark aufgestellt sein aber auch die großen Zulieferer pflegen gute Geschäftsbeziehungen, um die Prozessschnittstellen der OEM zu optimieren.

Nachdem wir die Stärken und Schwächen in der Stärken-Schwächen-Analyse gegenübergestellt haben, werden die externen Chancen und Risiken der KMU ermittelt.

2.3 Externe Analyse der Chancen und Risiken für KMU der Zulieferindustrie - Umfeldanalyse

Die Umfeldanalyse ist ein Teil der SWOT-Analyse und erfolgt ähnlich wie die Unternehmensanalyse. Allerdings dient dieses Instrument der Ermittlung des Umfeldes, in dem das Unternehmen tätig ist oder tätig werden möchte. Sie soll damit eine Antwort auf die Frage geben, welche Chancen und Risiken für die zukünftige Entwicklung eines Unternehmens bestehen und zu berücksichtigen sind.[16]

Grundsätzlich kann alles aus dem Umfeld eines Unternehmens analysiert werden z.B. Absatzmärkte, auf den die Kunden- und Konkurrenzsituation betrachtet wird, Beschaffungsmärkte, wie Kapital- oder Arbeitsmarkt oder rechtliche und gesellschaftliche Rahmenbedingungen. Allerdings fehlt vielen Unternehmen die Zeit das gesamte Umfeld in allen Facetten zu untersuchen und zu bewerten, da es sehr zeitaufwendig und meistens mit hohen Kosten verbunden ist.[17]

Im Rahmen der Hausarbeit beschränken wir uns auf die externen Einflüsse die Auswirkungen auf die Bereiche Produktgestaltung und Vertrieb der KMU haben.

---

[16] vgl. Controlling-Portal 2014
[17] vgl. Kummer, S. 2009, S. 21

Aufgrund immer komplexer werdenden Komponenten, Bauteile oder Systeme in der Automobilindustrie, reduzieren die OEM zunehmend ihre Fertigungs- und Entwicklungskapazitäten und verlagern die Wertschöpfungsanteile auf ihre Zulieferer. Somit tragen diese eine große Verantwortung, denn die Leistungsfähigkeit des Automobilherstellers hängt von der Leistung des Zulieferers ab.

In Hinsicht auf die Produktgestaltung ergibt sich die Chance für die Zulieferer ihre Wettbewerbsfähigkeit durch die Produktinnovation zu steigern. Die Zulieferer, die sich auf die Modernisierung ihrer Produkte, auf die neuen Herstellungsverfahren und auf die Produktionsanlagen mit verbesserter Technik konzentrieren, generieren höhere Absätze auf der internationalen Ebenen und fördern auch auf diese Weise die regionale Wertschöpfung. Mit der effizienten Entwicklung innovativer Produkte, sind die KMU in der Lage schneller als die Wettbewerber auf die veränderten Marktbedingungen und Kundenwünsche zu reagieren. Außerdem verschaffen sich die Zulieferer durch ihre Produktinnovation ein Alleinstellungsmerkmal auf dem Markt und heben sich somit von der Konkurrenz ab. Um das zu erreichen, ist es notwendig in die F&E zu investieren. Dabei stellt die Beschaffung der notwendigen Ressourcen auf dem Kapitalmarkt die größte Hemmnis für Innovation dar. Aufgrund der Betriebsgröße und der geringen Ausbringungsmenge, sind KMU meistens kleine und kapitalschwache Unternehmen, die auf Fremdkapital angewiesen sind. Es ergeben sich Risiken, wie die Abhängigkeit von Kreditinstituten einerseits und Fehlinvestition in Projekte andererseits, weil sich die Produktinnovation auf dem Markt durch fehlendes Know-Hows nicht durchgesetzt hat und beim Markteintritt gescheitert ist.

Im Kontext der Globalisierung mussten die deutschen Automobilhersteller nicht nur die Produktionsprozesse neu organisieren sondern auch Standorte ins Ausland verlagern. Die Verlagerung ihrer Produktionsstätten in die Niedriglohnländer, ermöglichte den OEM ihre Kosten wie Personal- oder Mietaufwand zu reduzieren. Diese Tatsache bringt den Zulieferern in dem Bereich Vertrieb einige Chancen und Risiken. Die Automobilhersteller fordern von ihren Zulieferer zum einen zunehmende kurze Lieferwege in ihren internationalen Märkten und zum anderen entsprechende Anpassungen ihrer Kapazitäten.

Das Risiko für die Zulieferer hierfür ist, dass sie die Aufträge aufgrund geringer Produktionskapazitäten nicht annehmen und aufgrund dessen auch nicht Just-in-Time liefern können. Dadurch können wichtige Geschäftspartner verloren werden.

Um einige Großprojekte nicht zu verlieren, sind die KMU gezwungen mit in den Ausland zugehen, was mit der Abhängigkeitsbeziehung verbunden ist und ein weiteres Risiko darstellt. Chancen der KMU werden in der Erschließung neuer Märkte gesehen, dazu ist eine Kooperation der Zulieferer unabdingbar.

Die Automobilindustrie wird technisch immer komplexer und die Logistikketten internationaler und um den Anforderungen der OEM gerecht zu werden, verlangt es eine Zusammenarbeit zwischen KMU und Austausch von Erfahrungen. In Bezug auf den Vertrieb kann durch den Zusammenschluss der KMU Vertriebs,- und Transportkosten reduziert werden.[18]

3 Anwendung der SWOT-Analyse zur Strategieentwicklung

3.1 Zusammenführung der internen und externen Ergebnisse

Die SWOT-Analyse ist ein Instrument des strategischen Managements und dient zur Entwicklung eines Konzeptes verschiedener Strategiemöglichkeiten.[19] Hierfür werden strategisch relevante Informationen aus der Unternehmens- und Umfeldanalyse herangezogen und mit Hilfe der SWOT-Analyse aufgearbeitet. In Hinsicht dessen werden die unternehmensinternen Stärken (**S**trengths) und Schwächen (**W**eaknesses) mit den unternehmensexternen Chancen (**O**pportunities) und Risiken (**T**hreats) in einer SWOT-Matrix, die auch als Vier-Felder-Matrix bezeichnet wird, gegenübergestellt.[20]

---

[18] vgl. Markt und Mittelstand Nachrichten 2013
[19] vgl. Sattes, I. et al. 2001, S. 44
[20] vgl. Simon, H./ von der Gathen, A. 2010, S. 230

Aus dieser Zusammenführung können daraufhin vier Grundprinzipien zur Strategieentwicklung abgeleitet werden:

- **SO**-Strategie: Interne Stärken des Unternehmens ausbauen, um externe Chancen nutzen zu können.
- **ST**-Strategie: Interne Stärken so einsetzen, um die externen Risiken minimieren zu können.
- **WO**-Strategie: Interne Schwächen des Unternehmens minimieren, um externe Chancen wahrnehmen zu können.
- **WT**-Strategie: Interne Schwächen des Unternehmens minimieren, um den externen Risiken ausweichen zu können.[21]

In der nachfolgenden Abbildung soll der Aufbau der SWOT-Matrix zur Verdeutlichung der Gegenüberstellung der unternehmensinternen und unternehmensexternen Aspekte und der Konzeption von Strategien der KMU nochmal beitragen.

	Stärken / Strengths (S)	Schwächen / Weaknesses (W)
Unternehmen-analyse / **Umfeldanalyse**	1. Produktqualität 2. Kundenbindung 3. Kürzere Vertriebswege 4. Geringere Vertriebskosten 5. Umweltbewusster Vertrieb	1. Knappe finanzielle Ressourcen 2. Geringere Produktbreite- und tiefe 3. Mangelnde Kenntnis in der F&E 4. Unflexible Preisgestaltung
Chancen / Opportunities (O) 1. Produktinnovation, Schaffung einer Marke 2. Erschließung neuer Märkte, neue Vertriebsstandorte 3. Gewinnung von Know-How	**SO-Strategie**	**WO-Strategie**
Risiken / Threats (T) 1. Hohe Investitionskosten in F&E 2. Lange Transportwege bzw. Mehrkosten bei Verlagerung ins Ausland 3. Große Absatzmengen sprängen Kapazitäten	**ST-Strategie**	**WT-Strategie**

Abbildung 2 : SWOT-Matrix für KMU[22]

Aus dieser Zusammenführung der einzelnen Stärken/Schwächen und Chancen/Risiken wird in Kapitel 3.2 ein strategisches Konzept für die Autozulieferer abgeleitet.

---

[21] vgl. Keidel, C. 2009, S. 167
[22] Eigene Darstellung i.A.a Keidel, C. 2009, S. 167

3.2 Ableitung eines strategischen Konzeptes

Aus der SWOT-Analyse soll ein strategisches Konzept abgeleitet werden. Es gibt mehrere Möglichkeiten Strategien zu entwickeln. Diese Hausarbeit beschränkt sich auf die Stärken-Chancen Strategie (SO). Aufgrund der hohen Qualität, die die meistens KMU zu bieten haben, kann eine Chance auf eine Kooperation mit einem Automobilhersteller entstehen, da die großen Automobilhersteller nicht auf hochwertige Produktqualität verzichten möchten. Demzufolge werden die Lieferanten stärker in die Wertschöpfungsketten eingebunden, sodass die Zusammenarbeit intensiviert wird.

Die Empfehlung für die KMU wäre, ein Interesse am Erfolg des Herstellers zu zeigen. Interesse ist das Schlüsselwort für die Qualität jeder Zusammenarbeit.

Die KMU, die sich für die Probleme der Automobilhersteller interessieren sowie sich aktiv an der Prozessoptimierung beteiligen, schaffen eine Vertrauensbasis und das Gefühl der Zusammengehörigkeit. Dabei sollen die Aspekte wie Teamarbeit, Kommunikation, Kontrolle, sowie der persönliche Kontakt im Mittelpunkt stehen.[23]

Weiterhin wäre es sinnvoll, aufgrund des ständigen technischen Fortschritts, gemeinsame Ressourcen der Abteilung F&E zu nutzen. Zu den Ressourcen könnten die Räumlichkeiten wie z.B. voll ausgestattete Labore und/oder qualifiziertes Personal gehören. Zusätzlich kann nützliches Know-How zwischen den kooperierenden Unternehmen ausgetauscht werden, um die Leistungsfähigkeit der Zulieferer zu verbessern. Dabei sollen zunächst die OEM selbst die Prozesse der KMU genau analysieren und ihr Produktions-Know-How weitergeben, um anschließend gemeinsam im Sinne der Zusammenarbeit die Prozesse zu optimieren. Demzufolge lassen sich bereits zu Beginn einer Partnerschaft Potenziale wie schnelle Durchlaufzeiten erreichen, innovative Produkte entwickeln und hohe Kosten minimieren bzw. mit dem Kooperationspartner teilen.[24] Wenn der Kooperationspartner seinen Sitz im Ausland hat, kann aus dieser Partnerschaft die Möglichkeit einer Expansion oder einer kompletten Verlagerung des gesamten Unternehmens entstehen. Die Logistikwege wären kürzer und es könnte ein neuer Markt erschlossen werden. Außerdem haben kooperierende Unternehmen bessere Chancen auf Fremdfinanzierung, denn sie investieren und teilen sich das Risiko gemeinsam.

---

[23] vgl. Wildemann, H. (2006), S. 235 ff.
[24] vgl. Beschaffung aktuell (2014)

Daraus resultiert für die KMU eine verbesserte finanzielle Grundlage, aus der sich viele Möglichkeiten ergeben, um mit den großen Zulieferer konkurrieren zu können.[25]

4   Schlussbetrachtung

Zusammengefasst bietet die Unternehmens- und Umfeldanalyse zahlreiche Fakten für die KMU, aus denen viele Erkenntnisse in Hinsicht auf die Stärken/Stärken und Chancen/Risiken gewonnen werden. So können mit Hilfe der SWOT-Matrix hilfreiche Aufschlüsse generiert werden.

Infolgedessen werden bereits vorhandene Stärken durch aktuelle und zukünftige Chancen bestärkt, wie etwa die zunehmende Bedeutung der Zusammenarbeit sowohl zwischen den KMU als auch der Automobilhersteller.

Gemäß den Anforderungen an die neuen Marktgegebenheiten und der Nachfrage nach innovativen Produkten, haben die KMU großes Potenzial ihre Stärken auszubauen. Um ihre Produkte erfolgreich platzieren zu können und für die Automobilhersteller attraktiv zu sein, benötigen sie ein marktgerechtes und vor allem einzigartiges Produkt mit herausragenden Leistungsmerkmalen und einem einzigartigen Nutzenversprechen für die Automobilhersteller.

Die verschiedenen Möglichkeiten der Globalisierung bieten den KMU sich intensiver mit der Zukunft auseinandersetzen zu können und in Hinsicht auf die Produktgestaltung und Vertrieb einen Blick über den eigenen Tellerrand zu werfen.

---

[25] vgl. WISO Diskus (2010)

Literaturverzeichnis

Beschaffung aktuell (2014): http://www.beschaffung-aktuell.de/home/-/article/16537505/26939927/Globalisierung-als-Herausforderung/art_co_INSTANCE_0000/maximized/, Zugriff am 28.05.2014

Controlling-Portal (2014): Chancen – Risiken – Analyse, http://www.controllingportal.de/Fachinfo/Grundlagen/Chancen-Risiken-Analyse.html, Zugriff am 02.06.2014

Deutsche Wirtschafts Nachrichten (2014): Autozulieferer - Branchenbericht - Corporate Sector Report, http://deutsche-wirtschafts-nachrichten.de/wp-content/uploads/2014/05/CoBa_Branchenbericht_Autozulierer_9.5.2014.pdf, Zugriff am 02.06.2014

Globalisierung Fakten (2014): Definition Globalisierung, http://www.globalisierung-fakten.de/globalisierung-informationen/definition/, Zugriff am 01.06.2014

Gründer Szene (2010): Innovationsmanagement, http://www.gruenderszene.de/operations/innovationsmanager-produktentwicklung-tools, Zugriff am 02.06.2014

Hörschgen, H./ Kirsch, J./ Käßler-Pawelka, G./ Grenz, J. (1993): Marketing-Strategien, Konzepte zur Strategienbildung im Marketing, 2. Auflage, Berlin

Industrieanzeiger (2012): Globalisierung sichert Zulieferern den Standort, http://www.industrieanzeiger.de/home/-/article/32571342/35528963/Globalisierung-sichert-Zulieferern-den-Standort/art_co_INSTANCE_0000/maximized/, Zugriff am 27.05.2014

Keidel, Christian (2009): Entwicklung und Gestaltung eines Unternehmens-controlling in mittelständischen Bauunternehmen – Unter Berücksichtigung von zwei empirischen Untersuchungen im zeitlichen Vergleich, Wiesbaden

Kummer, Serena (2009): SWOT-gestützte Analyse des Konzepts der Corporate Social Responsibility: Die soziale und ökologische Verantwortung der Unternehmen, Norderstedt

Lombriser, Roman/ Abplanalp, Peter A. (1998): Strategisches Management - Visionen entwickeln, Strategien umsetzen, Erfolgspotentiale aufbauen, 2. Auflage, Zürich

Markt und Mittelstand Nachrichten (2013): Steigende Risiken für Automobilzulieferer, http://www.marktundmittelstand.de/nachrichten/produktion-technologie/steigende-risiken-fuer-automobilzulieferer/, Zugriff am 02.06.2014

Navrade, Frank (2008): Strategische Planung mit Data-Warehouse-Systemen, Wiesbaden

Sattes, Ingrid/ Harald Brodbeck/ Andres Bichsel/ Phillip Spinas (2001): Praxis in kleinen und mittleren Unternehmen – Checklisten für die Führung und Organisation in KMU, Zürich

Simon, Herman/ Andreas von der Gathen (2010): Das große Handbuch der Strategieinstrumente - Alle Werkzeuge für eine erfolgreiche Unternehmensführung, 2. Auflage, Frankfurt am Main

Oliver Wyman Managementberatung (2008): Herausforderung Globalisierung - Eckpunkte einer ganzheitlichen Strategie für Automobilzulieferer, http://www.oliverwyman.de/deu-insights/Herausforderung_Globalisierung_dt_final.pdf, Zugriff am 28.05.2014

Presseportal (2009): Deutsche Automobilzulieferer: Marktrückgang von 25 Prozent erwartet, http://www.presseportal.de/pm/14017/1388176/deutsche-automobilzulieferer-marktrueckgang-von-25-prozent-erwartet, Zugriff am 02.06.2014

Werner Management Consultancy (2014): http://www.wmc-int.de/leistungen/interne-unternehmensanalyse/, Zugriff am 28.05.2014

Wildemann, Horst (2006): In- und Outsourcingstrategien in der Automobil- und Zulieferindustrie, in Wojda, Franz/ Barth Alfred (Hrsg.), Innovative Kooperationsnetzwerke, Wiesbaden

Wirtschafts Woche (2010): Der Akku ist nicht alles, http://blog.wiwo.de/wattgetrieben/2010/05/03/der-akku-ist-nicht-alles/#more-71, Zugriff am 01.06.2014

WISO Diskus (2010): Expertisen und Dokumentationen zur Wirtschafts- und Sozialpolitik, http://library.fes.de/pdf-files/wiso/07703.pdf, Zugriff am 01.06.2014